LA RÉGLEMENTATION NOUVELLE

DES

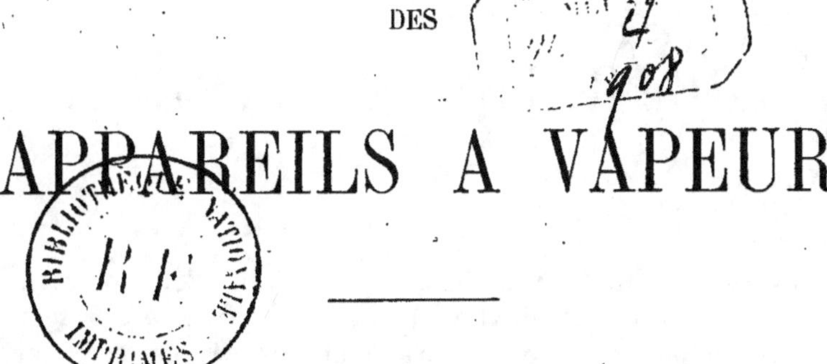

APPAREILS A VAPEUR

Économie du décret du 9 octobre 1907

Texte in-extenso de ce décret

Table donnant la température (en degrés centigrades)

de l'eau correspondant à une pression donnée

(en kilogrammes effectifs)

PRIX : 0 FR. 60

PARIS

SOCIÉTÉ D'ÉDITIONS TECHNIQUES

16, RUE DU PONT-NEUF, 16

LA RÉGLEMENTATION NOUVELLE

APPAREILS A VAPEUR

Les décrets du 30 avril 1880 et du 29 juin 1886 qui régissaient depuis plus de vingt-cinq ans l'emploi des générateurs et des récipients de vapeur s'étaient efforcés de concilier, autant que possible, les nécessités de la sécurité publique avec les exigences de l'industrie.

Néanmoins, sur certains points, cette réglementation n'est plus aujourd'hui en rapport exact, soit avec les principes techniques susceptibles d'assurer le maximum de sécurité, soit avec le degré de liberté qui peut être donné à l'industrie sans augmentation de risque.

Aussi un décret en date du 9 octobre et dont le texte est donné ci-après, est-il venu porter réglementation des appareils à vapeur.

La statistique ayant montré que la cause principale des accidents mortels qui surviennent dans l'emploi des appareils à vapeur est le défaut d'entretien, le règlement s'est attaché à rendre plus précises et, dans la mesure nécessaire, plus complètes que par le passé, les obligations de l'exploitation à cet égard. L'article 35 du décret de 1880 dit bien que « ceux qui font usage de générateurs ou de récipients à vapeur veilleront à ce que ces appareils soient entretenus constamment en bon état de service » et que, « à cet effet, ils tiendront la main à ce que des visites complètes, tant à l'intérieur qu'à l'extérieur, soient faites à des intervalles rapprochés pour constater l'état des appareils et assurer l'exécution, en temps utile, des réparations ou remplacement nécessaires ». Mais quels sont ces intervalles que le décret qualifie de rapprochés? Quelles traces laissent ces visites? Comment le Service des Mines peut-il s'assurer qu'elles ont été faites? Dans le système nouveau, les cas où l'appareil doit être l'objet d'une visite complète, tant à l'intérieur qu'à l'extérieur, sont soigneusement précisés. Cette visite complète devient le complément indispensable de tout renouvellement de l'épreuve hydraulique. Quelles que soient les circonstances elle doit avoir lieu au minimum une fois chaque année. Il en restera une trace matérielle sous la forme d'un compte rendu daté et signé par le visiteur, compte rendu qui sera représenté aux agents du Service des Mines. De plus un registre d'entretien sera tenu par l'exploitant qui devra y noter, à leur date, les visites intérieures et extérieures ainsi que les réparations.

Les industriels n'ont pas tous à leur service, dans leurs établissements, un personnel technique compétent pour procéder à ces indispensables visites ; mais ils peuvent s'adresser à des spécialistes du dehors. L'affiliation à une association de propriétaires d'appareils à vapeur est l'un des moyens qu'il leur est loisible d'employer pour s'assurer, dans des conditions faciles et relativement peu coûteuses, les services de visiteurs exercés.

Les vérifications auxquelles procèdent ces associations étaient déjà mises à profit sous le régime du décret de 1880 pour éviter certains renouvellements d'épreuve, conformément à l'article 3. Le règlement projeté fait un pas de plus dans le même sens. Il pourra dorénavant être sursis à l'épreuve décennale sur l'autorisation de l'ingénieur des mines lorsqu'une association agréée certifiera le bon état de l'appareil dans toutes ses parties.

De la statistique des accidents se dégage un enseignement important : c'est que les victimes des accidents de chaudières sont en très grande majorité, non des personnes tuées par les effets mécaniques de la fragmentation de l'appareil, mais des ouvriers brûlés ou asphyxiés par un retour de la flamme ou une projection de vapeur d'eau. Ce genre d'accident s'est multiplié à la suite de l'introduction, dans l'usage industriel, des générateurs à tubes d'eau, plus sujets que les grands corps cylindriques, aux avaries de détail, par suite de leur principe même et parce que dans les premiers temps de leur emploi, ni les constructeurs ni les usagers n'en connaissaient parfaitement le fort et le faible. Quoi qu'il en soit de cette dernière circonstance, il est visiblement d'une importance de premier ordre pour la sécurité d'emploi de toutes les chaudières et en particulier de celles à tubes d'eau que les chauffeurs soient le mieux protégés possible contre les dangers de brûlure ou d'asphyxie.

On peut beaucoup, dans cet ordre d'idées, en disposant d'une manière judicieuse les portes des foyers, les fermetures des boîtes à tubes et des boîtes à fumée, en dotant toute chambre de chauffe d'issues aisément praticables dans deux directions au moins, en assurant l'aération des chaufferies. C'est à quoi le règlement nouveau pourvoit par ses articles 16 et 17.

A la faveur du progrès que ces prescriptions nouvelles, jointes à l'expérience technique maintenant acquise par les constructeurs et par le personnel des usines, réaliseront dans la sécurité d'emploi des générateurs à petits éléments, il devient possible de modifier les règles relatives à l'emplacement des chaudières et des groupes de chaudières au voisinage des habitations ou dans les immeubles à étage. On a, pour ainsi dire, incorporé dans le règlement, la jurisprudence administrative relative aux dérogations d'emplacement, en décidant de faire dorénavant abstraction pour le calcul du produit caractéristique, des éléments de petite section. La rupture d'un de ces éléments ne saurait, en effet, donner lieu à de grands effets dynamiques. Elle pourrait être dangereuse, il est vrai, pour le personnel même de la chaufferie ; mais, à cet égard, on compte sur la protection qui résultera désormais des dispositions prescrites par les articles 16 et 17.

Les locomobiles ont donné lieu, durant ces dernières années, à des accidents dont la fréquence et la gravité étaient hors de proportion avec la puissance totale de cette classe d'appareils. C'est pourquoi, tandis que le règlement nouveau se distingue, ainsi qu'il vient d'être expliqué, par des innovations libérales en ce qui touche les générateurs fixes, les appareils locomobiles sont l'objet de mesures destinées à resserrer à leur égard la surveillance administrative. On a tenu, cependant, à leur conserver d'une manière générale le même système réglementaire qu'aux autres appareils à vapeur, c'est-à-dire à les laisser sous le régime de la simple déclaration ; les mesures spéciales qui les visent, notamment la substitution à l'épreuve décennale d'une épreuve tous les cinq ans et l'obligation d'une vérification complète de l'état de l'appareil lors de tout changement de propriétaire, n'ont rien qui puisse porter atteinte aux intérêts légitimes de l'industrie.

Le décret du 25 janvier 1865 avait laissé les récipients de vapeur hors de toute réglementation. Le décret de 1880 a réglementé certains de ces appareils ; mais il n'a visé que ceux au moyen desquels une matière est élaborée ou bien ceux dans lesquels de l'eau à haute température est emmagasinée pour fournir ensuite un dégagement de chaleur ou de vapeur. Le nouveau règlement substitue une notion plus large et plus simple à des définitions particularistes, ainsi que l'a fait déjà le décret du 1er février 1893, relatif aux appareils à vapeur de la navigation maritime. Il protège, mieux que par le passé, les récipients de vapeur contre les excès de pression et contre l'affaiblissement par usure, causes principales d'explosion pour ces appareils. Enfin, il exclut de l'intérieur des maisons habitées ceux qui ont à la fois un grand volume et une forte pression.

Il existe une catégorie d'appareils à vapeur intermédiaires, pour ainsi dire, entre les générateurs et les récipients : ce sont les marmites de Papin, ou, comme on dit incorrectement, mais usuellement, dans l'industrie, les autoclaves chauffés à feu nu. Ces vases clos, où de la vapeur est engendrée mais séjourne sans écoulement, n'ont pas été explicitement visés par le décret du 30 avril 1880. La circulaire du 21 juillet de la même année prescrit de les assimiler aux générateurs de vapeur, quitte à les dispenser, par voie de dérogation, des appareils de sûreté qui leur sont inutiles. C'est une solution qui donne lieu, pour le moins, à des formalités inutiles. Le projet fixe, par un article explicite, le régime réglementaire applicable à ces appareils.

Décret du 9 Octobre 1907.

Article premier. — Sont soumis aux formalités et aux mesures prescrites par le présent règlement :

1º Les générateurs de vapeur, autres que ceux qui sont placés à bord des bateaux ;

2º Les récipients définis ci-après (titre V).

Sont exceptés, toutefois, de l'application de ce règlement :

a) Les générateurs dont la capacité est inférieure à 25 litres.

b) Les générateurs de capacité quelconque où des dispositions matérielles efficaces empêchent la pression effective de la vapeur de dépasser 300 grammes par centimètre carré, à la condition que ces générateurs soient munis d'une plaque portant les mots « non soumis au décret du 9 octobre 1907 » et indiquant la pression maximum pour laquelle ces dispositions sont prises ; le constructeur doit adresser à l'ingénieur des mines, au plus tard à la fin du mois, un état des générateurs remplissant les conditions prévues au présent paragraphe, qu'il a livrés avec la désignation des acquéreurs.

TITRE Ier. — *Mesures de sureté relatives aux chaudières placées à demeure.* — Art. 2. — Aucune chaudière neuve ne peut être mise en service qu'après avoir subi l'épreuve réglementaire ci-après définie. Cette épreuve doit être faite chez le constructeur et sur sa demande.

Toutefois, elle pourra être faite sur le lieu d'emploi dans les circonstances et sous les conditions qui seront fixées par le Ministre.

Toute chaudière venant de l'étranger est éprouvée avant sa mise en service, sur le point du territoire français désigné par le destinataire sur sa demande.

Art. 3. — Lorsqu'une chaudière a subi, dans un atelier de construction ou de réparation, des changements ou des réparations notables, l'épreuve doit être renouvelée sur la demande du constructeur ou du réparateur.

Le renouvellement de l'épreuve peut être exigé de celui qui fait usage d'une chaudière :

1° Lorsque la chaudière, ayant déjà servi, est l'objet d'une nouvelle installation ;

2° Lorsqu'elle a subi une réparation notable ;

3° Lorsqu'elle est remise en service après un chômage de plus d'un an.

A cet effet, l'intéressé devra informer l'ingénieur des mines de ces diverses circonstances. En particulier, si l'épreuve exige la démolition du massif du fourneau ou l'enlèvement de l'enveloppe de la chaudière et un chômage plus ou moins prolongé, cette épreuve pourra ne point être exigée, lorsque des renseignements authentiques sur l'époque et les résultats de la dernière visite, intérieure et extérieure, constitueront une présomption suffisante en faveur du bon état de la chaudière. Pourront être notamment considérés comme renseignements probants les certificats délivrés aux membres des associations de propriétaires d'appareils à vapeur par celles de ces associations que le Ministre aura désignées.

Le renouvellement de l'épreuve est exigible également lorsque, à raison des conditions dans lesquelles une chaudière fonctionne, il y a lieu, par l'ingénieur des mines, d'en suspecter la solidité.

Dans tous les cas, lorsque celui qui fait usage d'une chaudière constatera la nécessité d'une nouvelle épreuve, il sera, après une instruction où celui-ci sera entendu, statué par le Préfet.

L'intervalle entre deux épreuves consécutives ne doit pas être supérieur à dix années. Avant l'expiration de ce délai, celui qui fait usage d'une chaudière à vapeur doit lui-même demander le renouvellement de l'épreuve.

Toutefois, il peut être sursis à la réépreuve décennale, sur l'autorisation de l'ingénieur des mines, lorsqu'une association de propriétaires d'appareils à vapeur, agréée à cet effet par le Ministre, certifie le bon état de l'appareil dans toutes ses parties.

Art 4. — L'épreuve consiste à soumettre la chaudière à une pression hydraulique supérieure à la pression effective qui ne doit point être dépassée dans le service. Cette pression d'épreuve sera maintenue pendant le temps nécessaire à l'examen de la chaudière.

Toutes les parties de celles-ci doivent pouvoir être visitées.

Toutefois, pour les réépreuves sur le lieu d'emploi, l'ingénieur en chef aura la faculté d'autoriser des atténuations à cette règle, dans la mesure et sous les conditions précisées par les instructions du Ministre.

Pour les appareils neufs et pour ceux ayant subi des changements notables ou de grandes réparations, la surcharge d'épreuve est égale, en kilogrammes par centimètre carré :

A la pression effective, avec minimum de un demi, si le timbre n'excède pas 6 ;

A 6, si le timbre est supérieur à 6 sans excéder 20 ;

A 7, si le timbre est supérieur à 20 sans excéder 30 ;

A 8, si le timbre est supérieur à 30 sans excéder 40 ;

Au cinquième de la pression effective si le timbre excède 40.

Dans les autres cas, la surcharge d'épreuve est moitié de celle résultant des indications qui précèdent.

L'épreuve est faite sous la direction et en la présence de l'ingénieur ou du contrôleur des mines.

Elle n'est pas exigée pour l'ensemble d'une chaudière dont les diverses parties, éprouvées séparément, ne doivent être réunies que par des tuyaux placés sur tout leur parcours en dehors du foyer et des conduits de flamme et dont les joints peuvent être facilement démontés.

Le chef de l'établissement où se fait l'épreuve fournit la main-d'œuvre et les appareils nécessaires à l'opération.

Art. 5. — Après qu'une chaudière ou partie de chaudière a été éprouvée avec succès, il y est apposé un ou plusieurs timbres indiquant, en kilogrammes par centimètre carré, la pression effective que la vapeur ne doit pas dépasser.

Les timbres sont poinçonnés et reçoivent trois nombres indiquant le jour, le mois et l'année de l'épreuve.

Un de ces timbres est placé de manière à être toujours apparent après la mise en place de la chaudière.

Toute chaudière neuve présentée à l'épreuve doit porter une plaque d'identité indiquant :

1° Le nom du constructeur ;

2° Le lieu, l'année et le numéro d'ordre de fabrication.

Art. 6. — Les réchauffeurs d'eau sous pression, les sécheurs et les surchauffeurs de vapeur sont considérés comme chaudières ou parties de chaudières pour tout ce qui est prescrit par les articles précédents.

Art. 7. — Chaque chaudière est munie de deux soupapes de sûreté, chargées de manière à laisser la vapeur s'écouler dès que sa pression effective atteint la limite maximum indiquée par le timbre réglementaire.

Chacune de ces soupapes doit suffire pour évacuer à elle seule et d'elle-même toute la vapeur produite, dans toutes les circonstances du fonctionnement, sans que la pression effective dépasse de plus de un dixième la limite ci-dessus

Les mesures nécessaires doivent être prises pour que l'échappement de la vapeur ou de l'eau chaude ne puisse pas occasionner d'accident.

Art. 8. — Quand des réchauffeurs d'eau d'alimentation seront munis d'appareils de fermeture permettant d'intercepter leur communication avec les chaudières, ils porteront une soupape de sûreté réglée eu égard à leur timbre et suffisante pour limiter d'elle-même et en toutes circonstances la pression au taux fixé par l'article 7.

Il en sera de même pour les surchauffeurs de vapeur, à moins que les dispositions prises n'excluent l'éventualité d'une élévation de la pression au-dessus du timbre.

Art. 9. — Toute chaudière est munie d'un manomètre en bon état placé en vue du chauffeur et gradué de manière à indiquer en kilogrammes par centimètre carré la pression effective de la vapeur dans la chaudière.

Une marque très apparente indique sur l'échelle du manomètre la limite que la pression effective ne doit point dépasser.

La chaudière est munie d'un ajutage terminé par une bride de 4 centimètres de diamètre et de 5 millimètres d'épaisseur, disposée pour recevoir le manomètre vérificateur.

Art. 10. — Chaque chaudière est munie d'un appareil de retenue, soupape ou clapet, fonctionnant automatiquement et placé au point d'intersection du tuyau d'alimentation qui lui est propre.

Art. 11. — Chaque chaudière est munie d'une soupape ou d'un robinet d'arrêt de vapeur, placé, autant que possible, à l'origine du tuyau de conduite de vapeur, sur la chaudière même.

Art. 12. — Toute paroi en contact par une de ses faces avec la flamme ou les gaz de la combustion doit être baignée par l'eau sur sa face opposée.

Le niveau de l'eau doit être maintenu, dans chaque chaudière, à une hauteur de marche telle qu'il soit, en toute circonstance, à six centimètres au moins au-dessus du plan pour lequel la condition précédente cesserait d'être remplie. La position limite sera indiquée, d'une manière très apparente, au voisinage du tube de niveau mentionné à l'article suivant.

Les prescriptions énoncées au présent article ne s'appliquent point :

1° Aux sécheurs et surchauffeurs de vapeur à petits éléments distincts de la chaudière ;

2° A des surfaces relativement peu étendues et placées de manière à ne jamais rougir, même lorsque le feu est poussé à son maximum d'activité, telles que les tubes ou parties de cheminées qui traversent le réservoir de vapeur, en envoyant directement à la cheminée principale les produits de la combustion.

Art. 13. — Chaque chaudière est munie de deux appareils indicateurs du niveau de l'eau, indépendants l'un de l'autre et placés en vue de l'ouvrier chargé de l'alimentation.

L'un au moins de ces appareils indicateurs est un tube en verre, disposé de manière à pouvoir être facilement nettoyé et remplacé au besoin.

Des précautions doivent être prises contre le danger provenant des éclats de verre en cas de bris des tubes, au moyen de dispositions qui ne fassent pas obstacle à la visibilité du niveau.

Art. 14. — Sur les groupes générateurs composés de deux ou plusieurs appareils distincts, toute prise de vapeur correspondant à une conduite de plus de 50 centimètres carrés de section intérieure et par laquelle, en cas d'avarie à l'un des appareils, la vapeur provenant des autres pourrait refluer vers l'appareil avarié, est pourvue d'un clapet ou soupape de retenue, disposé de manière à se fermer automatiquement dans le cas où le sens normal du courant de vapeur viendrait à se renverser.

Art. 15. — Lorsqu'une chaudière est chauffée par les flammes perdues d'un ou plusieurs fours, tout le courant des gaz chauds doit, en arrivant au contact des tôles, être dirigé tangentiellement aux parois de cette chaudière.

A cet effet, si les rampants destinés à amener les flammes ne sont pas construits de façon à assurer ce résultat, les tôles exposées au coup de feu doivent être protégées, en face des débouchés des rampants dans les carneaux, par des murettes en matériaux réfractaires, distantes des tôles d'au moins 5 centimètres et suffisamment étendues dans tous les sens pour que les courants des gaz chauds prennent des directions sensiblement tangentielles aux surfaces des tôles voisines avant de les toucher.

Art. 16. — Sur toute chaudière à vapeur, ainsi que sur tout réchauffeur d'eau, sécheur ou surchauffeur de vapeur, les orifices des foyers, les boîtes à fumée sont pourvues de fermetures solides, établies de manière à empêcher, en cas d'avarie, les retours de flamme ou les projections d'eau et de vapeur sur les ouvriers.

Dans les chaudières à tubes d'eau et les surchauffeurs, les portes de foyers et les fermetures de cendriers seront disposées de manière à s'opposer automatiquement à la sortie éventuelle d'un flux de vapeur. Des mesures seront prises pour qu'un semblable flux ait toujours un écoulement facile et inoffensif vers le dehors.

Art. 17. — La chambre de chauffe de toute chaudière et de tout surchauffeur à foyer doit être de dimensions suffisantes pour que toutes les opérations de la chauffe et de l'entretien courant s'effectuent sans danger. Elle doit offrir aux chauffeurs des moyens de retraite faciles dans deux directions au moins. Elle doit être bien éclairée.

Les plates-formes des massifs doivent posséder des moyens d'accès aisément praticables. Tout travail à poste fixe est interdit sur ces massifs, sauf pour le service de la chaufferie.

La ventilation des locaux où sont installés les chaudières ou groupes générateurs doit être assurée et de telle manière que la température n'y soit jamais exagérée.

Art. 18. — Les vases clos chauffés à feu nu dans lesquels l'eau est portée à une température de plus de 100 degrés, sans que le chauffage ait pour effet de produire un débit de vapeur, sont considérés comme chaudières à vapeur pour l'application du présent règlement.

Toutefois les appareils de sûreté obligatoires sur une chaudière de cette sorte sont seulement les suivants :

1° Deux soupapes de sûreté, conformément à l'article 7, dans le cas où la capacité de la chaudière excède 100 litres ; dans le cas contraire, une seule soupape, remplissant d'ailleurs les conditions stipulées audit article ;

2° Un manomètre et une bride de vérification remplissant les conditions prescrites à l'article 9 ;

3° Deux appareils indicateurs du niveau de l'eau, conformément à l'article 13, à moins que le mode d'emploi ne comporte nécessairement l'ouverture du vase entre les opérations successives auxquelles il sert. Dans ce cas, il peut n'y avoir qu'un seul appareil indicateur du niveau de l'eau et cet appareil peut être réduit à un robinet de jauge, placé de manière à donner de l'eau tant que la condition de l'article 12 est remplie.

TITRE II. — *Etablissement des chaudières à vapeur placées à demeure.* — Art. 19. — Toute chaudière destinée à être employée à demeure ne peut être mise en service qu'après une déclaration adressée par celui qui fait usage du générateur au préfet du département. Cette déclaration est enregistrée à sa date. Il en est donné acte. Elle est communiquée sans délai à l'ingénieur en chef des mines.

Art. 20. — La déclaration fait connaître avec précision :

1° Le nom et le domicile du vendeur de la chaudière ou l'origine de celle-ci ;

2° Le nom et le domicile de celui qui se propose d'en faire usage ;

3° La commune et le lieu où elle est établie ;

4° La forme, la capacité et la surface de chauffe ;

5° Le numéro du timbre réglementaire ;

6° Un numéro distinctif de la chaudière, si l'établissement en possède plusieurs ;

7° Enfin le genre d'industrie et l'usage auquel elle est destinée.

Tout changement dans l'un des éléments déclarés entraîne l'obligation d'une déclaration nouvelle.

Art. 21. — Les chaudières et les groupes générateurs se classent, sous le rapport des conditions d'emplacement, en trois catégories.

Cette classification a pour base le produit V $(t - 100)$, où t représente, en degrés centigrades, la température de vapeur saturée correspondant au timbre de la chaudière, conformément à la table annexée au présent décret, et où V désigne en mètres cubes, la capacité de la chaudière, y compris ses réchauffeurs d'eau et ses surchauffeurs de vapeur, mais abstraction faite des parties de cette capacité qui seraient constituées par des tubes ne mesurant pas plus de 10 centimètres de diamètre intérieur, ainsi que par les pièces de jonction entre ces tubes n'ayant pas plus de 1 centimètre carré de section intérieure.

Lorsque plusieurs chaudières sont disposées de manière à pouvoir desservir une même conduite de vapeur, on forme la somme des produits ainsi définis, mais en ne comptant qu'une fois les réchauffeurs ou surchauffeurs communs.

Une chaudière ou un groupe générateur est de première catégorie quand le produit caractéristique ainsi obtenu excède 200, de deuxième quand il n'excède pas 200 mais excède 50, de troisième quand il est égal ou inférieur à 50.

Art. 22. — Les chaudières ou les groupes générateurs compris dans la première catégorie doivent être en dehors de toute maison d'habitation et de tout bâtiment fréquenté par le public. Ils doivent également, à moins que la nature de l'industrie ne s'y oppose, être en dehors de tout atelier occupant, à poste fixe, un personnel autre que celui des chauffeurs, des conducteurs de machines et de leurs aides. En aucun cas, les locaux où se trouvent ces appareils ne doivent être surmontés d'étages ; toutefois, on ne considère pas comme un étage, au-dessus de l'emplacement d'une chaudière, une construction dans laquelle ne se fait aucun travail nécessitant la présence d'un personnel à poste fixe.

Art. 23. — Une chaudière ou un groupe générateur de première catégorie doit être au moins à 3 mètres de toute maison d'habitation et de tout bâtiment fréquenté par le public.

Lorsqu'une chaudière ou un groupe de première catégorie est placé à moins de 10 mètres d'une maison d'habitation ou d'un bâtiment fréquenté par le public, il en est séparé par un mur de défense.

Ce mur, en bonne et solide maçonnerie, est construit de manière à défiler la maison ou le bâtiment par rapport à tout point de la chaudière ou de l'une quelconque des chaudières distant de moins de 10 mètres, sans toutefois que sa hauteur dépasse de plus d'un mètre la partie la plus élevée de la chaudière. Son épaisseur est égale au tiers au moins de sa hauteur, sans que cette épaisseur puisse être inférieure à un mètre de couronne. Il est séparé du mur de la maison voisine ou du bâtiment assimilé par un intervalle libre de 30 centimètres de largeur au moins.

Les distances de 3 mètres et de 10 mètres, fixées ci-dessus, sont réduites respectivement à 1 m. 50 et à 5 mètres, lorsque la chaudière est installée de façon que la partie supérieure de ladite chaudière se trouve à 1 mètre en contre-bas du sol, du côté de la maison voisine ou du bâtiment assimilé.

Art. 24. — Une chaudière ou un groupe générateur appartenant à la deuxième catégorie doit être en dehors de toute maison habitée et de tout bâtiment fréquenté par le public.

Toutefois, cette chaudière ou ce groupe peut être dans une construction contenant des locaux habités par l'industriel, ses employés, ouvriers et serviteurs et par leurs familles, à la condition que ces locaux soient séparés des appareils, dans toute la section du bâtiment, par un mur en solide maçonnerie de 45 centimètres au moins d'épaisseur, ou que leur distance horizontale soit de 10 mètres au moins de la chaudière ou du groupe.

TITRE III. — *Chaudières locomobiles.* — Art. 25. — Sont considérées comme locomobiles les chaudières à vapeur qui peuvent être transportées facilement d'un lieu dans un autre, n'exigent aucune construction pour fonctionner sur un point donné et ne sont employées que d'une manière temporaire à chaque station.

Art. 26. — Les dispositions du titre Ier sont applicables aux chaudières locomobiles, sauf les modifications suivantes :

1° Le cas d'une nouvelle installation prévu à l'article 3 est remplacé pour les locomobiles par le cas d'un changement de propriétaire :

2° L'intervalle de dix années, mentionné au même article 3, est réduit à cinq ans pour les locomobiles, à moins que ces appareils ne fonctionnent exclusivement dans les limites d'un même établissement ou ne soient affectés à un service public soumis à un contrôle administratif.

Art. 27. — Chaque chaudière porte une plaque sur laquelle sont inscrits, en caractères indélébiles et très apparents, le nom et le domicile du propriétaire et un numéro d'ordre, si ce propriétaire possède plusieurs chaudières locomobiles.

Art. 28. — Toute chaudière locomobile doit être, avant sa mise en service, l'objet d'une déclaration adressée par le propriétaire de l'appareil au préfet du département dans lequel ce propriétaire est domicilié. Les prescriptions des articles 19 et 20 s'appliquent à ce cas, sauf remplacement des indications de l'article 20 numérotées 2, 3 et 6 par celles mentionnées à l'article 27.

L'ouvrier chargé de la conduite devra représenter à toute réquisition le récépissé de cette déclaration.

TITRE IV. — *Chaudières des machines locomotives.* — Art. 29. — Les machines à vapeur locomotives sont celles qui, sur terre, travaillent en même temps qu'elles se déplacent par leur propre force, telles que les machines des chemins de fer et des tramways, les machines routières, les rouleaux compresseurs, etc.

Art. 30. — Les dispositions du titre Ier modifiées par l'article 26 sont applicables aux chaudières des machines locomotives. Ces machines doivent être pourvues de la plaque prescrite par l'article 27.

Art. 31. — Les dispositions de l'article 28, paragraphe 1er, s'appliquent également à ces chaudières.

Art. 32. — La circulation des machines locomotives a lieu dans les conditions déterminées par des règlements spéciaux.

TITRE V. — *Récipients.* — Art. 33. — Sont soumis aux dispositions suivantes les récipients de formes diverses, d'une capacité de plus de 100 litres, qui reçoivent de la vapeur d'eau empruntée à un générateur distinct. Sont exceptés toutefois :

1° Ceux dans lesquels des dispositions matérielles efficaces empêchent la pression effective de cette vapeur de dépasser 300 grammes par centimètre carré ;

2° Les cylindres de machines, avec ou sans enveloppes, les enveloppes de turbines, les tuyauteries.

Art. 34. — Ces récipients sont soumis aux épreuves et assujettis à la déclaration, soit conformément aux articles 2 et 5, et aux articles 19 et 20, s'ils sont installés à demeure, soit conformément aux articles 26 et 28, s'ils sont mobiles. Dans ce dernier cas, l'article 27 leur est applicable.

Art. 35. — Tout récipient, dont le timbre n'est pas au moins égal à celui de la chaudière ou des chaudières dont il dépend, doit être garanti contre les excès de pression par une soupape de sûreté si sa capacité est inférieure à 1 mètre cube, ou par deux soupapes de sûreté si sa capacité atteint ou dépasse 1 mètre cube. Cette soupape ou ces soupapes doivent remplir, par rapport au timbre du récipient, les conditions fixées à l'article 7.

Elles peuvent être placées, soit sur le récipient lui-même, soit sur le tuyau d'arrivée de la vapeur, entre le robinet et le récipient.

Art. 36. — Lorsqu'un récipient ou un groupe de récipients formant un même appareil doit, en vertu de l'article 35, être muni d'une ou de deux soupapes de sûreté, il doit également être muni d'un manomètre et d'un ajutage remplissant les conditions spécifiées à l'article 9.

Art. 37. — Un récipient est considéré comme n'ayant aucun produit caractéristique, s'il ne renferme pas normalement d'eau à l'état liquide et s'il est pourvu d'un appareil de purge fonctionnant d'une manière efficace et évacuant l'eau de condensation à mesure qu'elle prend naissance. S'il n'en est pas ainsi, son produit caractéristique est le produit $V (t - 100)$ calculé comme pour une chaudière.

Un récipient, installé à demeure, dont le produit caractéristique excède 200, doit être en dehors de toute maison habitée et de tout bâtiment fréquenté par le public.

Titre VI. — *Dispositions générales.* — Art. 38. — Le ministre peut, sur le rapport des ingénieurs des mines, l'avis du préfet et celui de la commission centrale des machines à vapeur, accorder dispense de tout ou partie des prescriptions du présent décret, dans le cas où il serait reconnu que cette dispense ne peut avoir d'inconvénient.

Art. 39. — Les chaudières et récipients à vapeur en activité, ainsi que leurs appareils et dispositifs de sûreté, doivent être constamment en bon état d'entretien et de service.

La conduite des chaudières à vapeur ne doit être confiée qu'à des agents sobres et expérimentés.

L'exploitant est tenu d'assurer en temps utile les nettoyages, les réparations et les remplacements nécessaires.

A l'effet de reconnaître l'état de chaque appareil à vapeur et de ses accessoires, il doit faire procéder, par une personne compétente, aussi souvent qu'il est nécessaire et au minimum une fois chaque année, à l'examen défini à l'article 40.

Cet examen doit, notamment, avoir lieu dans chacun des cas mentionnés à l'article 3.

Lorsque l'appareil arrive à l'expiration de la période décennale ou quinquennale visée aux articles 3 et 26, il doit être procédé audit examen, soit préalablement à l'octroi du sursis prévu par ces articles, soit, si l'épreuve a lieu, aussitôt après cette épreuve.

Art. 40. — L'examen consiste dans une visite complète de l'appareil, tant à l'intérieur qu'à l'extérieur.

Le visiteur dresse, de chaque examen, un compte rendu mentionnant les résultats de l'examen et les défauts qui auraient été constatés. Ce compte rendu, daté et signé par le visiteur, doit être représenté par l'exploitant à toute réquisition du service des mines.

En ce qui concerne les appareils dont le délai de réépreuve périodique est fixé à cinq années par les articles 26, 30 et 34, l'exploitant est tenu d'envoyer en communication à l'ingénieur des mines chaque compte rendu d'examen dressé conformément aux dispositions qui précèdent.

Art. 41. — L'exploitant doit tenir un registre d'entretien, où sont notés à leur date, pour chaque appareil à vapeur, les épreuves, les examens intérieurs et extérieurs, les nettoyages et les réparations. Ce registre doit être coté et paraphé par un représentant de l'autorité chargée de la police locale. Il est présenté à toute réquisition des fonctionnaires du service des mines.

Art. 42. — Les appareils mobiles sont assujettis aux mêmes conditions d'emplacement que les appareils fixes, lorsqu'ils restent pendant plus de six mois installés pour fonctionner sur le même emplacement.

Art. 43. — Les conditions fixées par les articles 7 et 12, ainsi que celles relatives à l'emplacement des chaudières et des récipients, ne sont pas applicables aux appareils installés ou mis en service avant la promulgation du présent décret et satisfaisant, sur ces points, aux règlements antérieurs.

Art. 44. — Les contraventions au présent règlement sont constatées, poursuivies et réprimées conformément aux lois.

Art. 45. — En cas d'accident ayant occasionné la mort ou des blessures, le chef de l'établissement doit prévenir immédiatement le maire de la commune et l'ingénieur des mines chargé de la surveillance. L'ingénieur se rend sur les lieux, dans le plus bref délai, pour visiter les appareils, en constater l'état et rechercher les causes de l'accident. Il rédige sur le tout :

1° Un procès-verbal des constatations faites qu'il adresse à l'ingénieur en chef et que celui-ci fait parvenir au procureur de la République avec son avis ;

2° Un rapport qui est adressé au préfet, par l'intermédiaire et avec l'avis de l'ingénieur en chef.

Si l'ingénieur des mines délègue le contrôleur subdivisionnaire des mines pour se rendre sur les lieux, ce dernier établit et signe le procès-verbal et le rapport. Il les adresse à l'ingénieur des mines et celui-ci les transmet avec ses observations à l'ingénieur en chef, qui procède comme il est dit ci-dessus.

En cas d'accident n'ayant occasionné ni mort ni blessure, le chef de l'établissement n'est tenu de prévenir que l'ingénieur des mines. L'enquête est faite sur place par l'ingénieur ou, par délégation de l'ingénieur, par le contrôleur subdivisionnaire. L'ingénieur ou le contrôleur qui a procédé à l'enquête rédige un rapport qui est adressé au préfet comme dans le premier cas.

En cas d'explosion, les constructions ne doivent point être réparées et les fragments de l'appareil rompu ne doivent point être déplacés ou dénaturés avant la constatation de l'état des lieux par l'ingénieur.

Art. 46. — Par exception, le ministre pourra confier la surveillance des appareils à vapeur aux ingénieurs ordinaires et aux conducteurs des ponts et chaussées, sous les ordres de l'ingénieur en chef des mines de la circonscription.

Art. 47. — Les appareils à vapeur qui dépendent des services spéciaux de l'Etat sont surveillés par les fonctionnaires et agents de ces services.

Art. 48. — Les attributions conférées aux préfets des départements par le présent décret sont exercées par le préfet de police dans toute l'étendue de son ressort.

Art. 49. — Sont rapportés les décrets du 30 avril 1880 et du 29 juin 1886.

Table donnant la température (en degrés centigrades) de l'eau correspondant à une pression donnée (en kilogrammes effectifs).

VALEURS CORRESPONDANTES		VALEURS CORRESPONDANTES	
de la pression effective en kilogrammes.	de la température en degrés centigrades.	de la pression effective en kilogrammes	de la température en degrés centigrades.
0.5 10.5	111 185	5.5 15.5	161 202
1.0 11.0	120 187	6 0 16.0	164 203
1 5 11.5	127 189	6 5 16 5	167 205
2 0 12.0	133 191	7.0 17.0	170 206
2 5 12.5	138 193	7.5 17.5	173 208
3 0 13.0	143 194	8.0 18.0	175 209
3.5 13.5	147 196	8 5 18.5	177 210
4.0 14.0	151 197	9.0 19 0	179 211
4 5 14.5	155 199	9 5 19.5	181 213
5.0 15.0	158 200	10 0 20.0	183 214

Bar-le-Duc. — Imprimerie E. JOLIBOIS, 55, boulevard de la Banque.

www.ingramcontent.com/pod-product-compliance
Lightning Source LLC
LaVergne TN
LVHW010140060726
842524LV00005B/2035